Georg Simmel

Philosophie der Mode

Zur Psychologie der Mode

© 2025, Georg Simmel (domaine public)
Édition : BoD · Books on Demand, 31 avenue Saint-Rémy, 57600 Forbach, bod@bod.fr
Impression : Libri Plureos GmbH, Friedensallee 273, 22763 Hamburg (Allemagne)
ISBN: 978-2-3225-3974-1
Dépôt légal : Juin 2025

Philosophie der Mode

Die Art, wie es uns gegeben ist, die Erscheinungen des Lebens aufzufassen, läßt uns an jedem Punkte des Daseins eine Mehrheit von Kräften fühlen; und zwar so, daß eine jede von diesen eigentlich über die wirkliche Erscheinung hinausstrebt, ihre Unendlichkeit an der andern bricht und in bloße Spannkraft und Sehnsucht umsetzt. Denn der Mensch ist ein dualistisches Wesen von Anbeginn an; und dies verhindert die Einheitlichkeit seines Tuns so wenig, daß es grade erst als Ergebnis einer Vielfachheit von Elementen eine kraftvolle Einheit zeigt. Eine Erscheinung, der solche Verzweigung von Wurzelkräften fehlte, würde uns arm und leer sein. Erst indem jede innere Energie über das Maß ihrer sichtbaren Äußerung hinausdrängt, gewinnt das Leben jenen Reichtum unausgeschöpfter Möglichkeiten, der seine fragmentarische Wirklichkeit ergänzt; erst damit lassen seine Erscheinungen tiefere Kräfte, ungelöstere Spannungen, Kampf und Frieden umfänglicherer Art ahnen, als ihre unmittelbare Gegebenheit verrät.

Dieser Dualismus kann nicht unmittelbar beschrieben, sondern nur an den einzelnen Gegensätzen, die für unser Dasein typisch sind, als ihre letzte, gestaltende Form gefühlt werden. Den ersten Fingerzeig gibt die physiologische Grundlage unseres Wesens: dieses bedarf der Bewegung wie der Ruhe, der Produktivität wie der Rezeptivität. Dies in das Leben des Geistes fortsetzend, werden wir einerseits von der Bestrebung nach dem Allgemeinen gelenkt, wie von dem Bedürfnis, das Einzelne zu erfassen; jenes gewährt unserm Geist Ruhe, die Besonderung läßt ihn von Fall zu Fall sich *bewegen.* Und nicht anders im Gefühlsleben: wir suchen nicht weniger die ruhige Hingabe an Menschen und Dinge, wie die energische Selbstbehauptung beiden gegenüber. Die ganze Geschichte der Gesellschaft läßt sich an dem Kampf, dem Kompromiß, den langsam gewonnenen und schnell verlorenen Versöhnungen abrollen, die zwischen der Verschmelzung mit unserer sozialen Gruppe und der individuellen Heraushebung aus ihr auftreten. Mag sich die Schwingung unsrer Seele zwischen diesen Polen philosophisch verkörpern im Gegensatz der All-Einheits-Lehre und dem Dogma von der Unvergleichlichkeit, dem Für-sich-sein jedes Weltelementes, mögen sie sich praktisch bekämpfen als die Parteigegensätze des Sozialismus und des Individualismus, immer ist es eine und dieselbe Grundform der Zweiheit, die sich schließlich im biologischen Bilde als der Gegensatz von Vererbung und Variabilität offenbart – die erste der Träger des Allgemeinen, der Einheit, der beruhigten Gleichheit von Formen und Inhalten des Lebens, die andere die Bewegtheit, die Mannigfaltigkeit gesonderter Elemente, die unruhige Entwicklung eines individuellen Lebensinhaltes zu einem anderen erzeugend. Jede wesentliche Lebensform in der Geschichte unserer Gattung stellt auf ihrem Gebiete eine besondere Art dar, das Interesse an der Dauer, der Einheit, der Gleichheit mit dem an der Veränderung, dem Besonderen, dem Einzigartigen zu vereinen.

Innerhalb der sozialen Verkörperung dieser Gegensätze wird die eine Seite derselben meistens von der psychologischen Tendenz zur *Nachahmung* getragen. Die Nachahmung könnte man als eine psychologische

Vererbung bezeichnen, als den Übergang des Gruppenlebens in das individuelle Leben. Ihr Reiz ist zunächst der, daß sie uns ein zweckmäßiges und sinnvolles Tun auch da ermöglicht, wo nichts Persönliches und Schöpferisches auf den Plan tritt. Man möchte sie das Kind des Gedankens mit der Gedankenlosigkeit nennen. Sie gibt dem Individuum die Beruhigung, bei seinem Handeln nicht allein zu stehen, sondern erhebt sich über den bisherigen Ausübungen derselben Tätigkeit wie auf einem festen Unterbau, der die jetzige von der Schwierigkeit, sich selbst zu tragen, entlastet. Wo wir nachahmen, schieben wir nicht nur die Forderung produktiver Energie von uns auf den andern, sondern zugleich auch die Verantwortung für dieses Tun; so befreit sie das Individuum von der Qual der Wahl und läßt es schlechthin als ein Geschöpf der Gruppe, als ein Gefäß sozialer Inhalte erscheinen. Der Nachahmungstrieb als Prinzip charakterisiert eine Entwicklungsstufe, auf der der Wunsch zweckmäßiger persönlicher Tätigkeit lebendig, aber die Fähigkeit, individuelle Inhalte derselben zu gewinnen, nicht vorhanden ist. Der Fortschritt über diese Stufe hinaus ist der, daß außer dem Gegebenen, dem Vergangenen, dem Überlieferten die *Zukunft* das Denken, Handeln und Fühlen bestimmt: der teleologische Mensch ist der Gegenpol des Nachahmenden. So entspricht die Nachahmung in all den Erscheinungen, für die sie ein bildender Faktor ist, *einer* der Grundrichtungen unseres Wesens, derjenigen, die sich an der Einschmelzung des Einzelnen in die Allgemeinheit befriedigt, die das Bleibende im Wechsel betont. Wo aber umgekehrt der Wechsel im Bleibenden gesucht wird, die individuelle

Differenzierung, das Sich-abheben von der Allgemeinheit, da ist die Nachahmung das negierende und hemmende Prinzip. Und gerade weil die Sehnsucht, bei dem Gegebenen zu verharren und das gleiche zu tun und zu sein wie die anderen, der unversöhnliche Feind jener ist, die zu neuen und eigenen Lebensformen vorschreiten will, darum wird das gesellschaftliche Leben als der Kampfplatz erscheinen, auf dem jeder Fußbreit von beiden umstritten wird, die gesellschaftlichen Institutionen als die – niemals dauernden – Versöhnungen, in denen der weiterwirkende Antagonismus beider die äußere Form einer Kooperation angenommen hat.

Die Lebensbedingungen der Mode als einer durchgängigen Erscheinung in der Geschichte unserer Gattung sind hiermit umschrieben. Sie ist Nachahmung eines gegebenen Musters und genügt damit dem Bedürfnis nach sozialer Anlehnung, sie führt den Einzelnen auf die Bahn, die alle gehen, sie gibt ein Allgemeines, das das Verhalten jedes Einzelnen zu einem bloßen Beispiel macht. Nicht weniger aber befriedigt sie das Unterschiedsbedürfnis, die Tendenz auf Differenzierung, Abwechslung, Sich-abheben. Und dies letztere gelingt ihr einerseits durch den Wechsel der Inhalte, der die Mode von heute individuell prägt gegenüber der von gestern und von morgen, es gelingt ihr noch energischer dadurch, daß Moden immer Klassenmoden sind, daß die Moden der höheren Schicht sich von der der tieferen unterscheiden und in dem Augenblick verlassen werden, in dem diese letztere sie sich anzueignen beginnt. So ist die Mode nichts anderes als eine besondere unter den vielen Lebensformen, durch die man die Tendenz nach sozialer

Egalisierung mit der nach individueller Unterschiedenheit und Abwechslung in einem einheitlichen Tun zusammenführt. Fragte man die Geschichte der Moden, die bisher nur auf die Entwicklung ihrer *Inhalte* untersucht worden ist, nach ihrer Bedeutung für die Form des gesellschaftlichen Prozesses, so ist sie die Geschichte der Versuche, die Befriedigung dieser beiden Gegentendenzen immer vollkommener dem Stande der jeweiligen individuellen und gesellschaftlichen Kultur anzupassen. In dieses Grundwesen der Mode ordnen sich die einzelnen psychologischen Züge ein, die wir an ihr beobachten.

Sie ist, wie ich sagte, ein Produkt klassenmäßiger Scheidung und verhält sich so wie eine Anzahl anderer Gebilde, vor allem wie die Ehre, deren Doppelfunktion es ist, einen Kreis in sich zusammen- und ihn zugleich von anderen abzuschließen. Wie der Rahmen eines Bildes das Kunstwerk als einheitliches, in sich zusammengehöriges, als eine Welt für sich charakterisiert und zugleich, nach außen wirkend, alle Beziehungen zu der räumlichen Umgebung abschneidet; wie die einheitliche Energie solcher Gebilde für uns nicht anders ausdrückbar ist, als indem wir sie in die Doppelwirkung nach innen und nach außen zerlegen, – so zieht die Ehre ihren Charakter und vor allem ihre sittlichen Rechte – Rechte, die sehr häufig von dem Standpunkt der außerhalb der Klasse Stehenden als Unrecht empfunden werden – daraus, daß der Einzelne in seiner Ehre eben zugleich die seines sozialen Kreises, seines Standes, darstellt und bewahrt. So bedeutet die Mode einerseits den Anschluß an die Gleichgestellten, die Einheit eines durch sie charakterisierten Kreises, und eben damit den Abschluß dieser Gruppe gegen die tiefer Stehenden, die Charakterisierung dieser als nicht zu jener gehörig. Verbinden und Unterscheiden sind die beiden Grundfunktionen, die sich hier untrennbar vereinigen, von denen eines, obgleich oder weil es den logischen Gegensatz zu dem andern bildet, die Bedingung seiner Verwirklichung ist. Daß die Mode so ein bloßes Erzeugnis sozialer Bedürfnisse ist, wird vielleicht durch nichts stärker erwiesen als dadurch, daß in sachlicher, ästhetischer oder sonstiger Zweckmäßigkeitsbeziehung unzählige Male nicht der geringste Grund für ihre Gestaltungen auffindbar ist. Während im allgemeinen z. B. unsere Kleidung unsern Bedürfnissen sachlich angepaßt ist, waltet keine Spur von Zweckmäßigkeit in den Entscheidungen, durch die die Mode sie formt: ob weite oder enge Röcke, spitze oder breite Frisuren, bunte oder schwarze Krawatten getragen werden. So häßliche und widrige Dinge sind manchmal modern, als wollte die Mode ihre Macht gerade dadurch zeigen, daß wir ihretwegen das Abscheulichste auf uns nehmen; gerade die Zufälligkeit, mit der sie einmal das Zweckmäßige, ein andermal das Abstruse, ein drittes Mal das sachlich und ästhetisch ganz Indifferente anbefiehlt, zeigt ihre völlige Gleichgültigkeit gegen die sachlichen Normen des Lebens, womit sie eben auf andere Motivierungen, nämlich die formal-sozialen, als die einzig übrig bleibenden hinweist. Gewiß mag sie gelegentlich sachlich begründete Inhalte aufnehmen, aber als Mode wirkt sie erst, wenn die Unabhängigkeit gegen jede andere Motivierung positiv fühlbar wird, wie unser pflichtmäßiges Tun erst dann als ganz sittlich gilt, wenn nicht sein äußerer Inhalt und Zweck uns dazu bestimmt, sondern ausschließlich die Tatsache, daß es eben Pflicht ist. Darum ist die Herrschaft der Mode am unerträglichsten auf den Gebieten, auf denen nur sachliche Entscheidungen gelten sollen: Religiosität, wissenschaftliche Interessen, ja, Sozialismus und Individualismus sind freilich Modesachen gewesen; aber die Motive, aus denen diese Lebensinhalte allein angenommen werden sollten, stehen in absolutem Gegensatz zu der vollkommenen Unsachlichkeit in den Entwicklungen der Mode.

Wenn die gesellschaftlichen Formen, die Kleidung, die ästhetischen Beurteilungen, der ganze Stil, in dem der Mensch sich ausdrückt, in fortwährender Umbildung durch die Mode begriffen sind, so kommt die Mode, d. h. die neue Mode, in alledem nur den oberen Ständen zu. Sobald die unteren sich die Mode anzueignen beginnen und damit die von den oberen gesetzte Grenzmarkierung überschreiten, die Einheitlichkeit in dem so symbolisierten Zusammengehören jener durchbrechen, wenden sich die oberen Stände von dieser Mode ab und einer neuen zu, durch die sie sich wieder von den breiten Massen differenzieren, und an der das Spiel von neuem beginnt. Denn naturgemäß sehen und streben die unteren Stände nach oben und können dies noch am ehesten auf den Gebieten, die der Mode unterworfen sind, weil diese am meisten äußerlicher Nachahmung zugänglich sind. Derselbe Prozeß spielt – nicht immer so ersichtlich wie etwa zwischen Damen und Dienstmädchen – zwischen den verschiedenen Schichten der höheren Stände. Vielfach kann man gerade bemerken, daß, je näher die

Kreise aneinandergerückt sind, desto toller die Jagd des Nachmachens von unten und die Flucht zum Neuen von oben ist; die durchdringende Geldwirtschaft muß diesen Prozeß erheblich beschleunigen und sichtbar machen, weil die Gegenstände der Mode, als die Äußerlichkeiten des Lebens, ganz besonders dem bloßen Geldbesitz zugänglich sind, und in ihnen deshalb die Gleichheit mit der oberen Schicht leichter herzustellen ist als auf allen Gebieten, die eine individuelle, nicht mit Geld abkaufbare Bewährung fordern.

Wie sehr dieses Abscheidungsmoment – neben dem Nachahmungsmoment – das Wesen der Mode bildet, zeigen ihre Erscheinungen da, wo die gesellschaftliche Struktur keine über einander gelagerten Schichten besitzt; dann sind es oft die neben einander gelagerten, die sie ergreift. Es wird von einigen Naturvölkern berichtet, daß eng benachbarte und unter den genau gleichen Bedingungen lebende Gruppen manchmal scharf gesonderte Moden ausbilden, durch die jede Gruppe den Zusammenschluß nach innen ebenso wie die Differenz nach außen markiert. Andrerseits wird die Mode mit besonderer Vorliebe von außen importiert und innerhalb eines Kreises um so mehr geschätzt, wenn sie nicht innerhalb seiner selbst entstanden ist; schon der Prophet Zephanja spricht unwillig von den Vornehmen in ausländischer Kleidung. Tatsächlich scheint der exotische Ursprung der Mode den Zusammenschluß der Kreise, auf den sie angelegt ist, mit besonderer Stärke zu begünstigen; grade dadurch, daß sie von außen kommt, schafft sie jene besondere und bedeutsame Form der Sozialisierung, die durch die gemeinsame Beziehung zu einem außerhalb gelegenen Punkte eintritt. Es scheint manchmal, als ob die sozialen Elemente wie die Augenachsen am besten auf einen nicht zu nahe gelegenen Punkt konvergierten. So besteht bei Naturvölkern das Geld, also der wirtschaftliche Wert schlechthin, der Gegenstand des äußersten allgemeinen Interesses, oft aus Zeichen, die von auswärts eingeführt werden; so daß es in manchen Gegenden (auf den Salomo-Inseln, in Ibo am Niger) eine Art Industrie ist, aus Muscheln oder sonst Geldzeichen herzustellen, die nicht am Herstellungsort selbst, sondern in benachbarten Gegenden, wohin sie exportiert werden, als Geld kursieren – gerade wie die Moden in Paris vielfach mit bloßer Rücksicht darauf, daß sie anderswo Mode werden, produziert werden. In Paris selbst zeigt die Mode die weiteste Spannung und Versöhnung ihrer dualistischen Elemente. Der Individualismus, die Anpassung an das persönlich Kleidsame, ist viel tiefer als in Deutschland; aber dabei wird ein gewisser ganz weiter Rahmen des allgemeinen Stiles, der aktuellen Mode, streng festgehalten, so daß die einzelne Erscheinung nie aus dem Allgemeinen herausfällt, aber sich immer aus ihm *heraushebt.*

Wo von den beiden sozialen Tendenzen, die zur Bildung der Mode zusammenkommen müssen, nämlich dem Bedürfnis des Zusammenschlusses einerseits und dem Bedürfnis der Absonderung andrerseits, auch nur eines fehlt, wird die Bildung der Mode ausbleiben, wird ihr Reich enden. Darum haben die unteren Stände sehr wenige und seltene spezifische Moden, darum sind die Moden der Naturvölker so sehr viel stabiler als die unsrigen. Es fehlt bei den letzteren, vermöge ihrer sozialen Struktur, die Gefahr der Vermischung und Verwischung, die die Klassen der Kulturvölker zu den Differenzierungen von Kleidung, Benehmen, Geschmack usw. veranlaßt. Eben durch diese Differenzierungen werden die an der Absonderung interessierten Gruppenabteilungen zusammengehalten: der Gang, das Tempo, der Rhythmus der Gesten wird zweifellos durch die Kleidung wesentlich bestimmt, gleich gekleidete Menschen benehmen sich relativ gleichartig. Für das moderne Leben mit seiner individualistischen Zersplitterung ist dies ganz besonders wertvoll. Und auch darum wird die Mode bei den Naturvölkern geringer, d. h. stabiler sein, weil das Bedürfnis der Neuheit der Eindrücke und Lebensformen, ganz abgesehen von ihrer sozialen Wirkung, bei ihnen ein sehr viel geringeres ist. Der Wechsel der Mode zeigt das Maß der Abstumpfbarkeit der Nervenreize an, je nervöser ein Zeitalter ist, desto rascher werden seine Moden wechseln, weil das Bedürfnis nach Unterschiedsreizen, einer der wesentlichen Träger aller Mode, mit der Erschlaffung der Nervenenergien Hand in Hand geht. Schon dies ist ein Grund, weshalb die höheren Stände den eigentlichen Sitz der Mode ausmachen. In Bezug auf die rein sozialen Veranlassungen derselben geben zwei einander benachbarte primitive Völker sehr beweisende Beispiele für ihren Zweck der Zusammenschließung und Abschließung. Die Kaffern haben eine sehr reich gegliederte soziale Stufenordnung, und bei ihnen findet man, obgleich Kleider und Schmuck gewissen gesetzlichen Einschränkungen unterliegen, ein ziemlich rasches

Wechseln der Mode; die Buschmänner dagegen, bei denen eine Klassenbildung überhaupt nicht stattgefunden hat, haben überhaupt keine Mode ausgebildet, d. h. es ist an ihnen kein Interesse für den Wechsel von Kleidung und Schmuck festgestellt. Eben diese negativen Gründe haben gelegentlich auf den Höhen der Kultur, nun aber mit vollem Bewußtsein, die Ausbildung einer Mode verhindert. In Florenz soll es um das Jahr 1390 deshalb keine herrschende Mode der männlichen Kleidung gegeben haben, weil jeder sich auf besondere Weise zu tragen suchte. Hier fehlt also das eine Moment, das Bedürfnis des Zusammenschlusses, ohne das es zu keiner Mode kommen kann. Andrerseits: die venezianischen Nobili, so wird berichtet, hätten keine Mode gehabt, da sie sich alle infolge eines Gesetzes schwarz zu kleiden hatten, um nicht die Kleinheit ihrer Zahl den unteren Massen gar zu anschaulich zu machen. Hier gab es also keine Mode, weil das andere konstitutive Element für sie fehlte, weil die Abscheidung gegen die tiefer Stehenden absichtlich vermieden werden sollte.

Das Wesen der Mode besteht darin, daß immer nur ein Teil der Gruppe sie übt, die Gesamtheit aber sich erst auf dem Wege zu ihr befindet. Sobald sie völlig durchdrungen ist, d. h. sobald einmal dasjenige, was ursprünglich nur einige taten, wirklich von allen ausnahmslos geübt wird, wie es bei gewissen Elementen der Kleidung und der Umgangsformen geschah, so bezeichnet man es nicht mehr als Mode. Jedes Wachstum ihrer treibt sie ihrem Ende zu, weil sie dadurch die Unterschiedlichkeit aufhebt. Sie hat durch dieses Spiel zwischen der Tendenz auf allgemeine Verbreitung und der Vernichtung ihres

Sinnes, die diese Verbreitung gerade herbeiführt, den eigentümlichen Reiz der Grenze, den Reiz gleichzeitigen Anfanges und Endes, den Reiz der Neuheit und gleichzeitig den der Vergänglichkeit. Ihre Frage ist nicht Sein oder Nichtsein, sondern sie ist zugleich Sein und Nichtsein, sie steht immer auf der Wasserscheide von Vergangenheit und Zukunft und gibt uns so, solange sie auf ihrer Höhe ist, ein so starkes Gegenwartsgefühl, wie wenige andre Erscheinungen. Wenn in der momentanen Aufgipfelung des sozialen Bewußtseins auf den Punkt, den sie bezeichnet, auch schon ihr Todeskeim liegt, ihre Bestimmung zum Abgelöst-werden, so deklassiert diese Vergänglichkeit sie im ganzen nicht, sondern fügt ihren Reizen einen neuen hinzu. Wenigstens nur dann erfährt ein Gegenstand durch seine Bezeichnung als »Modesache« eine

Abwürdigung, wenn man ihn aus anderen, sachlichen Gründen perhorresziert und herabzusetzen wünscht, so daß dann freilich die Mode zum Wertbegriff wird. Irgend etwas sonst in gleicher Weise Neues und plötzlich Verbreitetes in der Praxis des Lebens wird man nicht als Mode bezeichnen, wenn man an seinen Weiterbestand und seine *sachliche* Begründetheit glaubt; nur der wird es so nennen, der von einem ebenso schnellen Verschwinden jener Erscheinung, wie ihr Kommen war, überzeugt ist. Deshalb gehört zu den Gründen, aus denen die Mode heute so stark das Bewußtsein beherrscht, auch der, daß die großen, dauernden, unfraglichen Überzeugungen mehr und mehr an Kraft verlieren. Die flüchtigen und veränderlichen Elemente des Lebens gewinnen dadurch um so mehr Spielraum. Der Bruch mit der

Vergangenheit, den zu vollziehen die Kulturmenschheit seit mehr als hundert Jahren sich unablässig bemüht, spitzt das Bewußtsein mehr und mehr auf die Gegenwart zu. Diese Betonung der Gegenwart ist ersichtlich zugleich Betonung des Wechsels, und in demselben Maße, in dem ein Stand Träger der bezeichneten Kulturtendenz ist, in demselben Maß wird er sich der Mode auf allen Gebieten, keineswegs etwa nur auf dem der Kleidung, zuwenden, ja es ist fast ein Zeichen der *gestiegenen* Macht der Mode, daß sie statt ihrer ursprünglichen Domäne: der Äußerlichkeiten des Sichtragens, mehr und mehr auch den Geschmack, die theoretischen Überzeugungen, ja die sittlichen Fundamente des Lebens in ihre Wechselform hinabzieht.

Aus jener Tatsache nun, daß die Mode als solche eben noch nicht allgemein verbreitet sein kann, quillt für den einzelnen die Befriedigung, daß sie an ihm immerhin noch etwas Besonderes und Auffälliges darstellt, während er doch zugleich innerlich sich von einer Gesamtheit getragen fühlt, die nach dem gleichen strebt, nicht, wie bei sonstigen sozialen Befriedigungen, von einer Gesamtheit, die das gleiche tut. Deshalb ist die Gesinnung, der der Modische begegnet, eine offenbar wohltuende Mischung von Billigung und Neid. Man beneidet den Modischen als Individuum, man billigt ihn als Gattungswesen. Aber auch jener Neid selbst hat hier eine besondere Färbung. Es gibt eine Nuance des Neides, die eine Art ideellen Anteilhabens an den beneideten Gegenständen einschließt. Das Verhalten der Proletarier, wenn sie einen Blick in die Feste der Reichen tun können, ist hierfür ein lehrreiches Beispiel. Indem man einen Gegenstand oder einen Menschen beneidet, ist man schon nicht mehr absolut von ihm ausgeschlossen, man hat irgend eine Beziehung zu jenem gewonnen, zwischen beiden besteht nun der gleiche seelische Inhalt, wenngleich in ganz verschiedenen Kategorien und Gefühlsformen. Dieses leise Sichbemächtigen des beneideten Gutes – das auch das Glück der unglücklichen Liebe ist – enthält eine Art Gegengift, das manchmal die schlimmsten Ausartungen des Neidgefühles verhindert. Und grade die Inhalte der Mode bieten sich, weil sie nicht, wie viele andere Seeleninhalte, irgend jemandem *absolut* versagt sind, weil eine nie ganz ausgeschlossene Wendung der Geschicke sie auch dem gewähren kann, der vorläufig nur auf das Beneiden ihrer angewiesen ist, ganz besonders die Chance für diese versöhnlichere Färbung des Neides, die auch dem Beneideten ein besseres Gewissen für die Freude an seiner Begünstigtheit gewährt.

Aus alledem ergibt sich, daß die Mode der eigentliche Tummelplatz für Individuen ist, welche innerlich unselbständig und anlehnungsbedürftig sind, deren Selbstgefühl aber doch zugleich einer gewissen Auszeichnung, Aufmerksamkeit, Besonderung bedarf. Sie erhebt eben auch den Unbedeutenden dadurch, daß sie ihn zum Repräsentanten einer Gesamtheit macht, zur Verkörperung eines Gesamtgeistes. Ihr ist es eigen – weil sie ihrem Begriffe nach eine niemals von allen erfüllte Norm sein kann –, daß sie einen sozialen Gehorsam ermöglicht, der zugleich individuelle Differenzierung ist. In dem Modenarren erscheinen die gesellschaftlichen Forderungen der Mode auf eine Höhe gesteigert, auf der sie völlig den Anschein des Individualistischen und Besonderen annehmen. Ihn bezeichnet es, daß er die Tendenz der Mode über das sonst innegehaltene Maß hinaustreibt: wenn spitze Schuhe Mode sind, läßt er die seinigen in Lanzenspitzen münden, wenn hohe Kragen Mode sind, trägt er sie bis zu den Ohren, wenn es Mode ist, wissenschaftliche Vorträge zu hören, so ist er überhaupt nirgends anders mehr zu finden usw. So stellt er ein ganz Individuelles vor, das in der quantitativen Steigerung solcher Elemente besteht, die ihrer Qualität nach eben Gemeingut des betreffenden Kreises sind. Er geht den andern voran – aber genau auf ihrem Wege. Indem es die letzterreichten Spitzen des öffentlichen Geschmackes sind, die er darstellt, scheint er an der Tête der Gesamtheit zu marschieren. In Wirklichkeit aber gilt von ihm, was unzählige Male für das Verhältnis zwischen Einzelnen und Gruppen gilt: daß der Führende im Grunde der Geführte ist. Demokratische Zeiten begünstigen ersichtlich ganz besonders stark diese Konstellation, so daß sogar *Bismarck* und sonstige hervorragende Parteiführer konstitutioneller Staaten betont haben, daß sie, weil sie die Führer einer Gruppe sind, ihr folgen müssen. Derartige Zeiten werden dazu neigen, die Würde und das Gefühl des Herrschens auf diesem Wege zu gewinnen, sie werden eine Vermischung und Unklarheit der Empfindungen begünstigen, die zwischen dem Beherrschen der Masse und dem Beherrschtwerden durch sie nicht mehr zu scheiden weiß. Die Aufgeblasenheit des Modenarren ist so die Karikatur einer durch die Demokratie begünstigten Konstellation des Verhältnisses zwischen dem Einzelnen und der Gesamtheit. Unleugbar aber repräsentiert der

Modeheld durch die auf rein quantitativem Wege gewonnene und in eine Differenz der Qualität sich verkleidende Auszeichnung ein wirklich originelles Gleichgewichtsverhältnis zwischen dem sozialen und dem individualisierenden Triebe. Aus diesem Grunde verstehen wir die äußerlich so abstruse Modetorheit mancher sonst durchaus intelligenter und unkleinlicher Persönlichkeiten. Sie gibt ihnen eine Kombination von Verhältnissen zu Dingen und Menschen, die sonst gesonderter aufzutreten pflegen. Es ist nicht nur die Mischung individueller Besonderheit und sozialer Gleichheit, sondern, sozusagen praktischer werdend, ist es die von Herrschergefühl und Unterworfenheit, die hier ihre Wirkungen übt, oder, etwas anders gewendet, eines männlichen und eines weiblichen Prinzips; und gerade daß dies auf den Gebieten der Mode nur wie in einer ideellen Verdünnung vor sich geht, daß gleichsam nur die Form von beiden an einem an sich gleichgültigen Inhalt sich verwirklicht, mag ihr besonders für sensible, mit der robusten Wirklichkeit sich nicht leicht befassende Naturen eine besondere Attraktion verleihen. Das Leben gemäß der Mode ist in sachlicher Hinsicht eine Mischung von Zerstören und Aufbauen, in dem Vernichten einer früheren Form gewinnt ihr Inhalt seinen Charakter, er besitzt eine eigentümliche Einheitlichkeit, in der die Befriedigung des Zerstörungstriebes und des Triebes zu positiven Inhalten nicht mehr voneinander zu trennen sind.

Weil es sich hier nicht um die Bedeutsamkeit eines einzelnen Inhaltes oder einer Einzelbefriedigung, sondern grade um das Spiel zwischen beiden und ihr gegenseitiges Sich-abheben handelt, kann man ersichtlich die gleiche

Kombination, die der extreme Gehorsam der Mode gegenüber erreicht, auch grade durch Opposition ihr gegenüber gewinnen. Wer sich bewußt unmodern trägt oder benimmt, erreicht das damit verbundene Individualisierungsgefühl nicht eigentlich durch eigene individuelle Qualifikation, sondern durch bloße Negation des sozialen Beispiels: wenn Modernität Nachahmung dieses letzteren ist, so ist die absichtliche Unmodernität seine Nachahmung mit umgekehrtem Vorzeichen, die aber darum nicht weniger Zeugnis von der Macht der sozialen Tendenz ablegt, die uns in irgend einer positiven oder negativen Weise von sich abhängig macht. Der absichtlich Unmoderne nimmt genau den Inhalt wie der Modenarr auf, nur daß er ihn in eine andere Kategorie formt, jener in die der Steigerung, dieser in die der Verneinung. Es kann sogar in ganzen Kreisen innerhalb einer ausgedehnten Gesellschaft direkt Mode werden, sich unmodern zu tragen – eine der merkwürdigsten sozialpsychologischen Komplikationen, in der der Trieb nach individueller Auszeichnung sich erstens mit einer bloßen Umkehrung der sozialen Nachahmung begnügt und zweitens seinerseits wieder seine Stärke aus der Anlehnung an einen gleich charakterisierten engeren Kreis zieht; wenn ein Verein der Vereinsgegner gegründet würde, würde er nicht logisch unmöglicher und psychologisch möglicher sein als diese Erscheinung. Wie man aus dem Atheismus eine Religion gemacht hat, mit ganz demselben Fanatismus, derselben Intoleranz, derselben Befriedigung der Gemütsbedürfnisse, wie die Religion sie enthielt, wie die Freiheit, durch die eine Tyrannei gebrochen wurde, oft nicht weniger tyrannisch und vergewaltigend auftrat, so zeigt jene Erscheinung tendenziöser Unmodernität, wie bereit die Grundformen des menschlichen Wesens sind, die völlige Entgegengesetztheit von Inhalten in sich aufzunehmen und ihre Kraft und ihren Reiz an der Verneinung eben dessen zu zeigen, an dessen Bejahung sie soeben noch unwiderruflich geknüpft schienen. So ist es oft völlig unentwirrbar, ob die Momente persönlicher Stärke oder persönlicher Schwäche das Übergewicht in dem Ursachenkomplex solcher Unmodernität haben. Sie kann hervorgehen aus dem Bedürfnis, sich nicht mit der Menge gemein zu machen, ein Bedürfnis, das freilich nicht Unabhängigkeit von der Menge, aber immerhin eine innerlich souveräne Stellung ihr gegenüber zum Grunde hat; sie kann aber auch zu einer schwächlichen Sensibilität gehören, wenn das Individuum fürchtet, sein bißchen Individualität nicht bewahren zu können, falls es sich den Formen, dem Geschmacke, den Gesetzlichkeiten der Allgemeinheit fügt. Die Opposition gegen die letztere ist keineswegs immer ein Zeichen persönlicher Stärke, diese vielmehr wird sich ihres einzigartigen und durch keine äußere Konnivenz zerstörbaren Wertes so bewußt sein, daß sie sich nicht nur ohne Besorgnis den allgemeinen Formen bis zur Mode herunter fügt, sondern gerade an diesem Gehorsam sich der *Freiwilligkeit* ihres Gehorsams und dessen, was jenseits des Gehorsams steht, erst recht bewußt wird.

Wenn die Mode den Egalisierungs- und den Individualisierungstrieb, den Reiz der Nachahmung und den der Auszeichnung zugleich zum Ausdruck bringt und betont, so erklärt dies vielleicht, weshalb die Frauen im allgemeinen der Mode besonders stark anhängen. Aus der Schwäche der sozialen Position nämlich, zu der die Frauen den weit überwiegenden Teil der Geschichte hindurch verurteilt waren, ergibt sich ihre enge Beziehung zu allem, was »Sitte« ist, zu dem, »was sich ziemt«, zu der allgemein gültigen und gebilligten Daseinsform. Denn der Schwache vermeidet die Individualisierung, das Auf-sich-ruhen mit seinen Verantwortlichkeiten und seiner Notwendigkeit, sich ganz allein mit eigenen Kräften zu verteidigen. Ihm gewährt gerade nur die typische Lebensform Schutz, die den Starken an der Ausnutzung seiner exzeptionellen Kräfte hindert. Auf diesem festgehaltenen Boden der Sitte aber, des Durchschnittlichen, des allgemeinen Niveaus streben die Frauen nun stark zu der so noch möglichen relativen

Individualisierung und Auszeichnung der Einzelpersönlichkeit. Die Mode bietet ihnen gerade diese Kombination aufs glücklichste: einerseits ein Gebiet allgemeiner Nachahmung, ein Schwimmen im breitesten sozialen Fahrwasser, eine Entlastung des Individuums von der Verantwortlichkeit für seinen Geschmack und sein Tun – andererseits doch eine Auszeichnung, eine Betonung, eine individuelle Geschmücktheit der Persönlichkeit.

Es scheint, daß für jede Klasse von Menschen, ja wahrscheinlich für jedes Individuum ein bestimmtes quantitatives Verhältnis zwischen dem Triebe zur Individualisierung und dem zum Untertauchen in die Kollektivität bestünde, so daß, wenn auf einem bestimmten Lebensgebiete das Ausleben des einen Triebes behindert ist, er sich ein anderes sucht, auf dem er nun das Maß, dessen er bedarf, erfüllt. So scheint es, als wäre die Mode gleichsam das Ventil, aus dem das Bedürfnis der Frauen nach irgend einem Maß von Auszeichnung und individueller Hervorgehobenheit ausbräche, wenn ihnen dessen Befriedigung auf anderen Gebieten mehr versagt ist.

Im 14. und 15. Jahrhundert zeigt Deutschland eine außerordentlich starke Entwicklung der Individualität. Die kollektivistischen Ordnungen des Mittelalters wurden durch die Freiheit der Einzelpersönlichkeit in hohem Maße durchbrochen. Innerhalb dieser individualistischen Entwicklung aber fanden die Frauen noch keinen Platz, ihnen wurde noch die Freiheit persönlicher Bewegung und Entfaltung versagt. Sie entschädigten sich dafür durch die denkbar extravagantesten und hypertrophischsten Kleidermoden.

Umgekehrt sehen wir, daß in Italien die gleiche Epoche den Frauen den Spielraum für individuelle Entwicklung gewährt. Die Frauen der Renaissance hatten so viele Möglichkeiten der Bildung, der Betätigung nach außen hin, der persönlichen Differenzierung, wie sie ihnen dann wieder fast Jahrhunderte hindurch nicht gegönnt waren, die Erziehung und die Bewegungsfreiheit war besonders in den höheren Schichten der Gesellschaft für beide Geschlechter fast die gleiche. Aber nun wird auch aus Italien von keinerlei besonderen Extravaganzen der weiblichen Mode aus dieser Zeit berichtet. Das Bedürfnis, sich auf diesem Gebiete individuell zu bewähren und eine Art von Ausgezeichnetheit zu gewinnen, bleibt aus, weil der hierin sich äußernde Trieb auf anderen Gebieten seine hinreichende Befriedigung gefunden hat. Im allgemeinen zeigt die Geschichte der Frauen in ihrem äußeren wie inneren Leben, in dem Individuum ebenso wie in ihrer Gesamtheit eine vergleichsweise so große Einheitlichkeit, Nivellement, Gleichmäßigkeit, daß sie wenigstens auf dem Gebiete der Moden, das das der Abwechslungen schlechthin ist, einer lebhafteren Betätigung bedürfen, um sich und ihrem Leben – sowohl für das eigene Gefühl wie für andere – einen Reiz hinzuzufügen. Wie zwischen Individualisierung und Kollektivierung, so besteht zwischen Gleichmäßigkeit und Abwechslung der Lebensinhalte eine bestimmte Proportion der Bedürfnisse, die auf den verschiedenen Gebieten hin- und hergeschoben wird, die die Versagtheit auf dem einen durch eine irgendwie erzwungene Gewährung auf dem andern auszugleichen sucht. Im ganzen wird man sagen können, daß die

Frau, mit dem Manne verglichen, das treuere Wesen ist; eben die Treue, die die Gleichmäßigkeit und Einheitlichkeit des Wesens nach der Seite des Gemütes hin ausdrückt, verlangt doch eben um jener Balancierung der Lebenstendenzen willen irgend eine lebhaftere Abwechslung auf mehr abseits gelegenen Gebieten. Der Mann umgekehrt, der seiner Natur nach untreuer ist, der die Bindung an das einmal eingegangene Gemütsverhältnis typischerweise nicht mit derselben Unbedingtheit und Konzentrierung aller Lebensinteressen auf dieses eine zu bewahren pflegt, wird infolgedessen weniger jener äußeren Abwechslungsform bedürfen. Ja, das Abweisen der Veränderungen auf äußeren Gebieten, die Gleichgültigkeit gegen die Moden der äußeren Erscheinung ist spezifisch männlich – nicht weil er das einheitlichere, sondern grade weil er im Grunde das vielfältigere Wesen ist und deshalb jener äußeren Abwechslungen eher entraten mag. Darum betont die emanzipierte Frau der Gegenwart, die sich dem männlichen Wesen, seiner Differenziertheit, Personalität, Bewegtheit anzunähern sucht, auch grade ihre Gleichgültigkeit gegen die Mode. Auch bildet die Mode für die Frauen in gewissem Sinne einen Ersatz für die Stellung innerhalb eines Berufsstandes. Der Mann, der in einen solchen hineingewachsen ist, hat sich damit freilich in einen Kreis relativen Nivellements begeben, er ist innerhalb dieses Standes vielen anderen gleich, er ist vielfach nur ein Exemplar für den Begriff dieses Standes oder Berufes. Andrerseits und wie zur Entschädigung hierfür ist er doch nun auch mit der ganzen Bedeutung, mit der sachlichen wie sozialen Kraft dieses Standes geschmückt, seiner individuellen Bedeutung wird die seiner Standeszugehörigkeit hinzugefügt, die oft die Mängel und Unzulänglichkeiten des rein persönlichen Daseins decken kann.

Eben dies nun leistet an so ganz anderen Inhalten die Mode, auch sie ergänzt die Unbedeutendheit der Person, ihre Unfähigkeit, rein aus sich heraus die Existenz zu individualisieren, durch die Zugehörigkeit zu einem durch eben die Mode charakterisierten, herausgehobenen, für das öffentliche Bewußtsein irgendwie zusammengehörigen Kreis. Auch hier wird freilich die Persönlichkeit als solche in ein allgemeines Schema eingefügt, allein dieses Schema selbst hat in sozialer Hinsicht eine individuelle Färbung und ersetzt so auf dem sozialen Umwege gerade das, was der Persönlichkeit auf rein individuellem Wege zu erreichen versagt ist. Daß die Demimonde vielfach die Bahnbrecherin für die neue Mode ist, liegt an ihrer eigentümlich entwurzelten Lebensform; das Pariadasein, das die Gesellschaft ihr anweist, erzeugt in ihr einen offenen oder latenten Haß gegen alles bereits Legalisierte, gefestigt Bestehende, einen Haß, der in dem Drängen auf immer neue Erscheinungsformen seinen noch relativ unschuldigsten Ausdruck findet; in dem fortwährenden Streben nach neuen, bisher unerhörten Moden, in der Rücksichtslosigkeit, mit der gerade die der bisherigen entgegengesetzteste leidenschaftlich ergriffen wird, liegt eine ästhetische Form des Zerstörungstriebes, der allen Pariaexistenzen, soweit sie nicht völlig versklavt sind, eigen zu sein scheint.

Und wenn wir in die letzten und subtilsten Bewegungen der Seele, die schwer mit Worten zu greifen sind, zu blicken suchen, so zeigen auch sie jenes antagonistische Spiel der wesentlichen, menschlichen Tendenzen, die ihr stets verschobenes Gleichgewicht durch stets neue Proportionen wiederzugewinnen suchen. Es ist der Mode zwar wesentlich, daß sie alle Individualitäten über einen Kamm schert; allein doch immer so, daß sie nie den ganzen Menschen ergreift, sie bleibt ihm doch immer etwas Äußerliches, und zwar selbst auf den Gebieten jenseits bloßer Kleidermoden; denn die Form der Veränderlichkeit, in der sie sich ihm bietet, ist doch unter allen Umständen ein Gegensatz gegen die Beständigkeit des Ichgefühls, ja dieses letztere muß gerade an diesem Gegensatz sich seiner relativen Dauer bewußt werden, nur an diesem Dauernden kann die Veränderlichkeit jener Inhalte sich überhaupt als Veränderlichkeit zeigen und ihren Reiz entfalten. Aber eben deshalb steht sie, wie gesagt, doch immer an der Peripherie der Persönlichkeit, die sich selbst ihr gegenüber als *pièce de résistance* empfindet oder wenigstens im Notfall empfinden kann. Diese Bedeutung der Mode nun ist es, die grade von feinen und eigenartigen Menschen aufgenommen wird, indem sie sie als eine Art Maske benutzen. Der blinde Gehorsam gegen die Normen der Allgemeinheit in allem äußerlichen ist ihnen grade das bewußte und gewollte Mittel, ihr persönliches Empfinden und ihren Geschmack zu reservieren, den sie eben wirklich ganz für sich haben wollen, so für sich, daß sie ihn nicht in die Erscheinung treten lassen wollen, die allen zugänglich wäre. So ist es grade eine feine Scham und Scheu, durch die Besonderheit des äußeren Auftretens vielleicht eine Besonderheit des innerlichsten Wesens zu verraten, was manche Naturen in das verhüllende Nivellement der Mode flüchten läßt. Damit ist ein Triumph der Seele über die Gegebenheit des Daseins erreicht, der wenigstens der Form nach zu den höchsten und feinsten gehört: daß nämlich der Feind selbst in einen Diener verwandelt wird, daß grade dasjenige, was die Persönlichkeit zu vergewaltigen schien, freiwillig ergriffen wird, weil die nivellierende Vergewaltigung hier auf die äußeren Schichten des Lebens derartig zu schieben ist, daß sie einen Schleier und Schutz für alles Innere und nun um so Befreitere abgibt. Der Kampf zwischen dem Sozialen und dem Individuellen schlichtet sich hier, indem die Schichten für beides sich trennen. Dies entspricht genau der Trivialität der Äußerung und Unterhaltung, durch die sehr sensible und schamhafte Menschen, insbesondere

Frauen, oft über die individuelle Seele hinter dieser Äußerung zu täuschen wissen.

Alles Schamgefühl beruht auf dem Sich-abheben des Einzelnen. Es entsteht, wenn eine Betonung des Ich stattfindet, eine Zuspitzung des Bewußtseins eines Kreises auf diese Persönlichkeit, die doch zugleich als irgendwie unangemessen empfunden wird; darum neigen bescheidene und schwache Persönlichkeiten besonders stark zu Schamgefühlen, bei ihnen tritt, sobald sie irgendwie in das Zentrum einer allgemeinen Aufmerksamkeit treten, sobald sie sich irgendwie abheben, ein peinliches Oszillieren zwischen Betonung und Zurücktreten des Ichgefühls ein. Da im übrigen jenes Sich-abheben von einer Allgemeinheit als die Quelle des Schamgefühles von dem besonderen Inhalt ganz unabhängig ist, auf Grund dessen es geschieht, so schämt man sich vielfach auch grade des Besseren und Edleren. Wenn in der Gesellschaft im engeren Sinne des Wortes Banalität guter Ton ist, so ist dies nicht nur die Folge gegenseitiger Rücksicht, die es taktlos erscheinen läßt, wenn der eine sich mit irgend einer individuellen, einzigartigen Äußerung hervortut, die ihm nicht jeder nachmachen kann; sondern es geschieht auch durch die Furcht vor einem Schamgefühl, das gleichsam die von dem Individuum selbst vollzogene Strafe für sein Sich-herausheben aus dem für alle gleichen, allen gleich zugänglichen Ton und Betätigung bildet. Die Mode nun bietet wegen ihrer eigentümlichen inneren Struktur ein Sich-abheben, das immer als angemessen empfunden wird. Die noch so extravaganteste Erscheinungs- oder Äußerungsart ist, insoweit sie Mode ist, vor jenen peinlichen

Reflexen geschützt, die das Individuum sonst fühlt, wenn es der Gegenstand der Aufmerksamkeit anderer ist. Alle Massenaktionen werden durch den Verlust des Schamgefühles charakterisiert. Als Element einer Masse macht das Individuum Unzähliges mit, was ihm, wenn es ihm in der Isolierung zugemutet würde, unüberwindliche Widerstände erwecken würde. Es ist eine der merkwürdigsten sozialpsychologischen Erscheinungen, in der sich eben dieser Charakter der Massenaktion zeigt, daß manche Moden Schamlosigkeiten begehen, die als individuelle Zumutung von dem Individuum entrüstet zurückgewiesen werden würden, aber als Gesetz der Mode bei ihm ohne weiteres Gehorsam finden. Das Schamgefühl ist bei ihr, weil sie eben Massenaktion ist, grade so ausgelöscht wie das Verantwortlichkeitsgefühl bei den Teilnehmern von Massenverbrechen, vor denen der einzelne oft genug, für sich allein vor die Tat gestellt, zurückschrecken würde. Sobald das Individuelle der Situation gegenüber ihrem Gesellschaftlich-Modemäßigen stärker hervortritt, beginnt sogleich das Schamgefühl zu wirken: viele Frauen würden sich genieren, in ihrem Wohnzimmer und vor einem einzelnen fremden Manne so dekolletiert zu erscheinen, wie sie es in der Gesellschaft und der Mode entsprechend, vor dreißigen oder hundert tun.

Die Mode ist auch nur eine der Formen, durch die die Menschen, indem sie das Äußere der Versklavung durch die Allgemeinheit preisgeben, die innere Freiheit um so vollständiger retten wollen. Auch Freiheit und Bindung gehört zu jenen Gegensatzpaaren, deren immer erneuter Kampf, deren Hin- und

Herschiebung auf den mannigfaltigsten Gebieten dem Leben einen viel frischeren Reiz, eine viel größere Weite und Entfaltung gestattet, als ein irgendwie gewonnenes dauerndes und nicht mehr verrückbares Gleichgewicht beider gewähren könnte. Wie nach Schopenhauer jedem Menschen ein gewisses Quantum von Lust und Leid gegeben ist, das weder leer bleiben noch überfüllt werden kann und in aller Verschiedenheit und Schwankung innerer und äußerer Verhältnisse nur seine Form wechselt, so könnte man, viel weniger mystisch, entweder eine wirklich dauernde Proportion von Bindung und Freiheit oder wenigstens die Sehnsucht nach einer solchen in jeder Zeit, jeder Klasse, jedem Individuum bemerken, dem gegenüber uns nur die Möglichkeit gegeben ist, die Gebiete zu wechseln, auf die sie sich verteilen. Und die Aufgabe des höheren Lebens ist freilich, diese Verteilung so vorzunehmen, daß die sonstigen inhaltlichen Werte des Daseins dabei die Möglichkeit günstigster Entfaltung gewinnen. Dasselbe Quantum von Bindung und Freiheit kann einmal die sittlichen, die intellektuellen, die ästhetischen Werte aufs höchste steigern helfen und ein andermal, quantitativ ungeändert und nur auf andere Gebiete verteilt, das genaue Gegenteil dieses Erfolges zeitigen. Im ganzen wird man sagen können, daß das günstigste Resultat für den Gesamtwert des Lebens sich dann ergeben wird, wenn die unvermeidliche Bindung mehr und mehr an die Peripherie des Lebens, auf seine Äußerlichkeiten geschoben wird. Vielleicht ist Goethe in seiner späteren Epoche das leuchtendste Beispiel eines ganz großen Lebens, das durch die Konnivenz in allem Äußeren, durch die strenge Einhaltung der Form, durch ein williges Sich-beugen unter die Konventionen der Gesellschaft gerade ein Maximum von innerer Freiheit, eine völlige Unberührtheit der Zentren des Lebens durch das unvermeidliche Bindungsquantum erreicht hat. Insofern ist die Mode, weil sie eben nur, dem Rechte vergleichbar, das Äußerliche des Lebens ergreift, nur diejenigen Seiten, die der Gesellschaft zugewandt sind – eine Sozialform von bewunderungswürdiger Zweckmäßigkeit. Sie gibt dem Menschen ein Schema, durch das er seine Bindung an das Allgemeine, seinen Gehorsam gegen die Normen, die ihm von seiner Zeit, seinem Stande, seinem engeren Kreise kommen, aufs unzweideutigste dokumentieren kann, und mit dem er es sich so erkauft, die Freiheit, die das Leben überhaupt gewährt, mehr und mehr auf seine Innerlichkeiten und

Wesentlichkeiten rückwärts konzentrieren zu dürfen.

Es finden sich nun innerhalb der Einzelseele jene Verhältnisse von egalisierender Vereinheitlichung und individuellem Sich-abheben gewissermaßen wiederholt, der Antagonismus der Tendenzen, der die Mode erzeugt, überträgt sich in einer völlig formgleichen Art auch auf diejenigen inneren Verhältnisse mancher Individuen, die mit sozialen Bindungen gar nichts zu tun haben. Es zeigt sich an der Erscheinung, die ich hier meine, jener oft hervorgehobene Parallelismus, mit dem die Verhältnisse zwischen Individuen sich an den Beziehungen der seelischen Elemente des Individuums wiederholen. Mit mehr oder weniger Absicht schafft sich oft das Individuum für sich selbst ein Benehmen, einen Stil, der sich durch den Rhythmus seines Auftauchens, Sichgeltend-machens und Abtretens als Mode charakterisiert. Namentlich junge Menschen zeigen oft eine plötzliche Wunderlichkeit in ihrer Art, sich zu geben, ein unvermutet, sachlich unbegründet, auftretendes Interesse, das ihren ganzen Bewußtseinskreis beherrscht und ebenso irrational wieder verschwindet. Man könnte dies als eine Personalmode bezeichnen, die einen Grenzfall der Sozialmode bildet. Sie wird einerseits durch das individuelle Unterscheidungsbedürfnis getragen und dokumentiert damit denselben Trieb, der auch an der Sozialmode wirksam wird. Das Bedürfnis aber der Nachahmung, der Gleichartigkeit, der Einschmelzung des einzelnen in ein Allgemeines wird hier rein innerhalb des Individuums selbst befriedigt, nämlich durch die Konzentration des eigenen Bewußtseins auf diese eine Form oder Inhalt, durch die einheitliche Färbung, die das eigene Wesen dadurch erhält, durch die Nachahmung seiner selbst gleichsam, die hier an die Stelle der Nachahmung anderer tritt. Ein gewisses Zwischenstadium zwischen Individual- und Personalmode wird oft innerhalb engerer Kreise verwirklicht. Banale Menschen adoptieren oft irgend einen Ausdruck – und zwar meistens viele desselben Kreises eben denselben – den sie nun auf alle passenden und unpassenden Objekte bei jeder Gelegenheit anwenden. Dies ist einerseits Gruppenmode, ist andererseits aber doch auch Individualmode, weil der Sinn davon gerade ist, daß der *einzelne* die *Gesamtheit* seines Vorstellungskreises dieser Formel untertänig macht. Es wird hiermit der Individualität der Dinge brutale Gewalt angetan, alle Nuancierungen werden verwischt durch die eigentümliche

Übermacht dieser einen Bezeichnungskategorie; so, wenn man z. B. alle aus irgend einem Motive gefallenden Dinge als »chic« oder als »schneidig« bezeichnet, Dinge, die dem Gebiete, auf dem jene Ausdrücke ein Heimatrecht haben, um eine Welt fern stehen. Auf diese Weise wird die innere Welt des Individuums einer Mode unterworfen und wiederholt so die Form der von der Mode beherrschten Gruppe. Und dies gerade auch durch die sachliche Sinnlosigkeit solcher Individualmoden, die die Macht des formalen, unifizierenden Momentes über das sachlich-vernunftmäßige zeigen – gerade wie es für so viele Menschen und Kreise nur erforderlich ist, daß sie überhaupt einheitlich beherrscht werden, und die Frage, wie qualifiziert oder wertvoll die Herrschaft ist, erst eine sekundäre Rolle spielt. Es ist nicht zu leugnen: indem den

Dingen durch jene Bezeichnungsmoden Gewalt angetan wird, indem sie alle gleichmäßig in eine von uns an sie herangebrachte Kategorie eingekleidet werden, übt das Individuum einen Machtanspruch über sie, es gewinnt ein individuelles Kraftgefühl, eine Betonung des Ich ihnen gegenüber.

Die Erscheinung, die hier als Karikatur auftritt, ist in geringeren Maßen allenthalben in dem Verhältnis der Menschen zu den Objekten bemerkbar. Es sind nur die ganz hohen Menschen, die die größte Tiefe und Kraft ihres Ich gerade darin finden, daß sie die eigene Individualität der Dinge respektieren. Aus der Feindseligkeit, die die Seele gegenüber der Übermacht, Selbständigkeit, Gleichgültigkeit des Kosmos empfindet, quellen doch neben den erhabensten und wertvollsten Kraftaufwendungen der Menschheit immer wieder die Versuche gleichsam einer äußerlichen Vergewaltigung der Dinge, das Ich setzt sich ihnen gegenüber durch, nicht indem es ihre Kräfte aufnimmt und formt, nicht indem es ihre Individualität erst anerkennt, um sie dann sich dienstbar zu machen, sondern indem es sie äußerlich unter irgend ein subjektives Schema beugt, wodurch es denn freilich im letzten Grunde keine Herrschaft über die Dinge, sondern nur über sein eigenes, gefälschtes Phantasiebild ihrer gewonnen hat. Aber das Machtgefühl, das daraus stammt, zeigt seine Unbegründetheit, seinen Illusionismus an der Schnelligkeit, mit der derartige Modeausdrücke vorübergehen. Es ist ebenso illusionär wie das Gefühl der Einheitlichkeit des Wesens, das aus dieser Schematisierung aller Äußerungen für den Augenblick quillt.

Es hat sich uns ergeben, daß in der Mode sozusagen die verschiedenen Dimensionen des Lebens ein eigenartiges Zusammenfallen gewinnen, daß sie ein komplexes Gebilde ist, in dem alle gegensätzlichen Hauptrichtungen der Seele irgendwie vertreten sind. Dadurch wird ohne weiteres begreiflich, daß der Gesamtrhythmus, in dem die Individuen und die Gruppen sich bewegen, auch auf ihr Verhältnis zur Mode bestimmend einwirken wird, daß die verschiedenen Schichten einer Gruppe, ganz abgesehen von ihren verschiedenen Lebensinhalten und äußeren Möglichkeiten, schon rein dadurch eine verschiedene Beziehung zur Mode haben werden, daß ihre Lebensinhalte sich entweder in konservativer oder in rasch variierender Form abwickeln. Einerseits sind die unteren Massen schwerer beweglich und langsam entwickelbar. Andererseits sind gerade die höchsten Stände bekanntlich die konservativen, ja oft genug archaistisch; sie fürchten oft genug jede Bewegung und Veränderung, nicht weil der Inhalt derselben ihnen antipathisch oder schädlich wäre, sondern weil es überhaupt Veränderung ist, und weil jede Modifikation des Ganzen, das ihnen in seiner augenblicklichen Verfassung eben die höchste Stellung einräumt, ihnen verdächtig und gefährlich ist; ihnen kann keine Veränderung mehr einen Zuwachs von Macht bringen, sie haben von jeder höchstens etwas zu fürchten, aber von keiner mehr etwas zu hoffen. Die eigentliche Variabilität des geschichtlichen Lebens liegt deshalb im Mittelstand, und deshalb hat die Geschichte der sozialen und kulturellen Bewegungen ein ganz anderes Tempo angenommen, seit der *tiers état* die Führung übernommen hat. Deshalb ist die

Mode, die Wechsel- und Gegensatzform des Lebens, seitdem viel breiter und erregter geworden; auch schon wegen der Wandelungen des unmittelbaren politischen Lebens: denn der Mensch bedarf eines ephemeren Tyrannen, wenn er sich des dauernden und absoluten entledigt hat. Der häufige Wechsel der Mode ist eine ungeheure Knechtung des Individuums und insofern eine der erforderlichen Komplemente der gewachsenen gesellschaftlichen und politischen Freiheit. Gerade für eine Lebensform, für deren Inhalte der Augenblick der erreichten Höhe zugleich schon der des Herabsinkens ist, ist ein Stand der eigentlich angewiesene Ort, dessen ganzes Wesen so viel variabler, so viel unruhiger rhythmisiert ist als die untersten Stände mit ihrem dumpf-unbewußten und die höchsten Stände mit ihrem bewußt gewollten

Konservativismus. Klassen und Individuen, die nach fortwährender Abwechselung drängen, weil eben die Raschheit ihrer Entwicklung ihnen den Vorsprung vor anderen gewährt, finden in der Mode das Tempo ihrer eigenen seelischen Bewegungen wieder. Und ganz direkt muß der soziale Fortschritt den raschen Wechsel der Mode begünstigen, weil er die tiefer Stehenden so viel rascher zur Nachahmung der Höheren befähigt und damit jener oben charakterisierte Prozeß, in dem jede höhere Schicht die Mode in dem Augenblick verläßt, in dem die tiefere sich ihrer bemächtigt, eine früher ungeahnte Breite und Lebendigkeit gewonnen hat. Auf den Inhalt der Mode hat dies bedeutsame Einflüsse. Vor allen Dingen bewirkt es, daß die Moden nicht mehr so kostspielig und deshalb ersichtlich nicht mehr so extravagant sein können, wie sie in früheren Zeiten waren, wo die Kostbarkeit der erstmaligen Anschaffung oder die Mühseligkeit im Umbilden von Benehmen und Geschmack durch eine längere Dauer ihrer Herrschaft ausgeglichen wurde. Je mehr ein Artikel raschem Modewechsel unterliegt, desto stärker ist der Bedarf nach *billigen* Produkten seiner Art. Nicht nur weil die breiteren und also ärmeren Massen doch Kaufkraft genug haben, um die Industrie großenteils nach sich zu bestimmen, und durchaus Gegenstände fordern, die wenigstens den äußeren und unsoliden Schein des Modernen tragen, sondern auch weil selbst die höheren Schichten der Gesellschaft die Raschheit des Modewechsels, die ihnen durch das Nachdrängen der unteren Schichten oktroyiert wird, nicht leisten könnten, wenn ihre Objekte nicht relativ billig wären. Das Tempo der Entwicklung ist bei den eigentlichen Modeartikeln von solcher Bedeutsamkeit, daß es diese sogar gewissen Fortschritten der Wirtschaft entzieht, die auf anderen Gebieten allmählich erreicht sind. Namentlich bei den älteren Produktionszweigen der modernen Industrie hat man bemerkt, daß das spekulative Moment allmählich aufhört, eine maßgebende Rolle zu spielen. Die Bewegungen des Marktes werden genauer übersehen, die Bedürfnisse können besser vorausberechnet und die Produktion genauer reguliert werden als früher, so daß die Rationalisierung der Produktion immer mehr Boden gegenüber dem Zufall der Konjunkturen, dem planlosen Hin- und Herschwanken von Angebot und Nachfrage gewinnt. Nur die reinen Modeartikel scheinen davon ausgenommen zu sein. Die polaren Schwankungen, denen die moderne

Wirtschaft sich vielfach schon zu entziehen weiß, und von denen fort sie ersichtlich zu ganz neuen wirtschaftlichen Ordnungen und Bildungen strebt, sind auf dem der Mode unmittelbar unterworfenen Gebiete doch noch herrschend. Die Form eines fieberhaften Wechsels ist hier so wesentlich, daß sie wie in einem logischen Widerspruch gegen die Entwicklungstendenzen der modernen Wirtschaft steht.

Gegenüber diesem Charakter aber zeigt die Mode nun die höchst merkwürdige Eigenschaft, daß jede einzelne Mode doch gewissermaßen auftritt, als ob sie ewig leben wollte. Wer sich heute ein Mobilar kauft, das ein Vierteljahrhundert halten soll, kauft es sich unzählige Male nach der neuesten Mode und zieht diejenige, die vor zwei Jahren galt, überhaupt nicht mehr in Betracht. Und doch hat offenbar nach ein paar Jahren der Reiz der Mode dieses jetzige genau so verlassen, wie er das frühere schon jetzt verlassen hat, und Gefallen oder Mißfallen an beiderlei Formen werden dann von andersartigen, sachlichen Kriterien entschieden. Hier scheint doch außer der bloßen Befangenheit im Augenblick noch ein eigentümlicher psychologischer Prozeß zu walten. Es gibt immer eine Mode, und sie ist deshalb als allgemeiner Begriff, als Faktum der Mode überhaupt, in der Tat unsterblich, und dies scheint auf jede einzelne ihrer Ausgestaltungen irgendwie zu reflektieren, obgleich das Wesen jeder einzelnen grade ist, nicht unvergänglich zu sein. Die Tatsache, daß der Wechsel selbst nicht wechselt, gibt hier jedem der Gegenstände, an denen er sich vollzieht, einen psychologischen Schimmer von Dauer. Auch verwirklicht sich diese Dauer innerhalb des Wechsels noch in der folgenden besonderen Weise an den einzelnen Modeinhalten. Es kommt der Mode freilich nur auf den Wechsel an; allein sie hat wie jedes Gebilde die Tendenz auf Kraftersparnis, sie sucht ihre Zwecke so reichlich wie möglich, aber dennoch mit den relativ sparsamsten Mitteln zu erreichen. Eben deshalb schlägt sie – was besonders an der Kleidermode klar wird – immer wieder auf frühere Formen zurück, so daß man ihren Weg direkt mit einem Kreislauf verglichen hat. Sobald eine frühere Mode einigermaßen aus dem Gedächtnis geschwunden ist, liegt kein Grund vor, sie nicht wieder zu beleben und vielleicht den Reiz des Unterschiedes, von dem sie lebt, demjenigen Inhalt gegenüber fühlen zu lassen, der seinerseits bei seinem Auftreten eben diesen Reiz aus seinem Gegensatz gegen die frühere und jetzt wieder belebte gezogen hat. Übrigens geht die Macht der Bewegungsform, von der die Mode lebt, nicht so weit, jeden Inhalt ganz gleichmäßig ihr zu unterwerfen. Selbst auf den von der Mode beherrschten Gebieten sind nicht alle Gestaltungen gleichmäßig geeignet, Mode zu werden. Bei manchen leistet ihr eigentümliches Wesen dem einen gewissen Widerstand. Dies ist mit dem ungleichmäßigen Verhältnis zu vergleichen, das die Gegenstände der äußeren Anschauung zu der Möglichkeit haben, zu Kunstwerken gebildet zu werden. Es ist eine sehr bestechende, aber keineswegs tiefgehende und haltbare Meinung, daß jedes Objekt der Wirklichkeit gleichmäßig geeignet wäre, zum Objekt eines Kunstwerkes zu werden. Die Formen der Kunst, wie sie sich historisch, von tausend Zufälligkeiten bestimmt, vielfach einseitig, an technische Vollkommenheiten und

Unvollkommenheiten gebunden, herausgebildet haben, stehen keineswegs in unparteiischer Höhe über allen Inhalten der Wirklichkeit; sie haben vielmehr zu manchen dieser ein engeres Verhältnis als zu anderen, manche gehen leicht, wie von Natur für diese Kunstformen vorgebildet, in sie ein, andere entziehen sich wie eigensinnig und von Natur anders gerichtet, der Umbildung in die gegebenen Kunstformen. Die Souveränität der Kunst über die Wirklichkeit bedeutet keineswegs, wie der Naturalismus und viele Theorien des Idealismus meinen, die Fähigkeit, alle Inhalte des Daseins gleichmäßig in ihren Bereich zu ziehen. Keine der Formungen, mit denen der menschliche Geist den Stoff des Daseins bemeistert und zu seinen Zwecken bildet, ist so allgemein und neutral, daß alle jene Inhalte, gleichgültig gegen ihre eigene

Struktur, sich ihr gleichmäßig fügten. So kann die Mode scheinbar und in abstracto freilich jeden beliebigen Inhalt in sich aufnehmen, jede beliebige gegebene Form der Kleidung, der Kunst, des Benehmens, der Meinungen kann Mode werden. Und doch liegt im inneren Wesen mancher Formen eine besondere Disposition dazu, sich gerade als Mode auszuleben, während manche ihr von innen her einen Widerstand leisten. So ist z. B. der Modeform alles das relativ fern und fremd, was man als klassisch bezeichnen kann, obgleich es sich natürlich gelegentlich auch ihr nicht entzieht. Denn das Wesen des Klassischen ist eine Konzentriertheit der Erscheinung um einen ruhenden Mittelpunkt, die Klassik hat etwas Gesammeltes, was gleichsam nicht so viele Angriffspunkte bietet, an denen Modifikation, Störung, Vernichtung der Balance ansetzen könnte.

Für die klassische Plastik ist das Zusammennehmen der Glieder bezeichnend, das Ganze wird von innen her absolut beherrscht, der Geist und das Lebensgefühl des Ganzen ziehen durch die anschauliche Zusammengehaltenheit der Erscheinung jeden einzelnen Teil derselben gleichmäßig in sich ein. Das ist der Grund, weshalb man von der »klassischen Ruhe« der griechischen Kunst spricht; es ist ausschließlich die Konzentriertheit der Erscheinung, die keinem Teil ihrer eine Beziehung zu Kräften und Schicksalen außerhalb eben dieser Erscheinung gestattet und dadurch das Gefühl erregt, daß diese Gestaltung den wechselnden Einflüssen des allgemeinen Lebens entzogen ist. Im Gegensatz dazu wird alles Barocke, Maßlose, Extreme von innen her der Mode zugewandt sein, über so charakterisierte Dinge kommt die Mode nicht wie ein äußeres Schicksal, sondern gleichsam wie der geschichtliche Ausdruck ihrer sachlichen Beschaffenheiten. Die weit ausladenden Glieder der Barockstatue sind gleichsam immer in Gefahr, abgebrochen zu werden, das innere Leben der Figur beherrscht sie nicht vollständig, sondern gibt sie der Beziehung zu den Zufälligkeiten des äußeren Seins preis. Barocke Gestaltungen haben in sich schon die Unruhe, den Charakter der Zufälligkeit, die Unterworfenheit unter den momentanen Impuls, die die Mode als Form des sozialen Lebens verwirklicht. Dazu kommt, daß ausschweifende, individuell sehr zugespitzte, launenhafte Formen sehr leicht ermüdend wirken und darum schon rein physiologisch zu der Abwechslung drängen, für die die Mode das Schema abgibt. Hier liegt auch eine der tiefen Beziehungen, die man zwischen den klassischen und den »natürlichen« Gestaltungen der Dinge aufzufinden meinte. So unsicher begrenzt und so irreführend oft der Begriff des Natürlichen überhaupt ist, so kann man doch wenigstens das Negative sagen, daß gewisse Formen, Neigungen, Anschauungen auf diesen Titel *keinen* Anspruch haben, und eben diese werden es auch sein, die dem modischen Wechsel ganz besonders schnell unterliegen, weil ihnen die Beziehung zu dem beharrenden Zentrum der Dinge und des Lebens fehlt, die den Anspruch dauernden Bestandes rechtfertigte. So kam durch eine Schwägerin Ludwigs des Vierzehnten, *Elisabeth Charlotte von der Pfalz,* die eine völlig maskuline Persönlichkeit war, an dem französischen Hofe die Mode auf, daß Frauen sich wie Männer benahmen und anreden ließen und Männer umgekehrt wie Frauen. Es liegt auf der

Hand, wie sehr etwas Derartiges schlechthin nur Mode sein kann, weil es sich von derjenigen unverlierbaren Substanz der menschlichen Verhältnisse entfernt, auf die schließlich die Form des Lebens immer wieder irgendwie zurückkommen muß. So wenig man sagen kann, daß alle Mode etwas Unnatürliches ist – schon deshalb nicht, weil die Lebensform der Mode selbst dem Menschen als gesellschaftlichem Wesen natürlich ist – so wird man umgekehrt doch von dem schlechthin Unnatürlichen sagen können, daß es wenigstens in der Form der *Mode* bestehen kann.

Es liegt aber, um das Ganze zusammenzufassen, der eigentümlich pikante, anregende Reiz der Mode in dem Kontraste zwischen ihrer ausgedehnten, alles ergreifenden Verbreitung und ihrer schnellen und gründlichen Vergänglichkeit, dem Rechte auf

Treulosigkeit ihr gegenüber. Er liegt nicht weniger in der Enge, mit der sie einen bestimmten Kreis schließt und dessen Zusammengehörigkeit ebenso als ihre Ursache wie als ihre Wirkung zeigt – wie in der Entschiedenheit, mit der sie ihn gegen andre Kreise abschließt. Er liegt endlich ebenso in dem Getragen-sein durch einen sozialen Kreis, der seinen Mitgliedern gegenseitige Nachahmung auferlegt und damit den einzelnen von aller Verantwortlichkeit – der ethischen wie der ästhetischen – entlastet, wie in der Möglichkeit, nun doch innerhalb dieser Schranken originelle Nuancierung, sei es durch Steigerung, sei es sogar durch Ablehnung der Elemente der Mode zu produzieren. So erweist sich die Mode nur als ein einzelnes, besonders charakterisiertes unter jenen mannigfachen Gebilden, in denen die soziale Zweckmäßigkeit die entgegengesetzten Strömungen des Lebens zu gleichen Rechten objektiviert hat.

Zur Psychologie der Mode

Soziologische Studie

Die physiologische Grundlage unseres Wesens, die uns auf den Wechsel von Ruhe und Bewegung, von Rezeptivität und Betätigung hinweist, enthält damit auch den Typus unserer geistigen Entwicklung. Wenn unser Erkennen von der Bestrebung nach der höchsten Verallgemeinerung und Abstraktion ebenso gelenkt wird, wie von dem Bedürfnisse, das Einzelne und Speziellste zu beschreiben; wenn unser Gefühlsleben bald in ruhiger Hingabe an Menschen und Dinge, bald in energischer Betätigung ihnen gegenüber sich befriedigt; wenn unser sittliches Wesen in der sozialisierenden Verschmelzung mit unserer Gruppe und in der individuellen Heraushebung aus derselben seine Pole, die Grenzen seiner Schwingungen findet - so sind alles dies gleichsam die provinziellen Ausgestaltungen der großen gegensätzlichen Kräfte, in deren Kampf und Ausgleichung unser Schicksal besteht. Diese Quellen und letzten Wesensrichtungen alles Menschlichen sind selbst nicht mit Worten zu bezeichnen; nur an jenen einzelnen Erscheinungen, die sie in ihrer Lenkung der einzelnen Lebensinhalte ergeben, an denen sie sich verwirklichen, kann man auf sie hinweisen und sie wie gleiche Kräfte aus verschiedenen Wirkungsgebieten herauslösen - mögen sie sich nun, vor Jahrtausenden als der Gegensatz der Eleaten und Heraklits, oder im Augenblick als der von Sozialismus und Individualismus verkörpern. Die wesentlichen

Lebensformen innerhalb der Geschichte unserer Gattung zeigen durchweg die Wirksamkeit dieser antagonistischen Prinzipien, jede stellt auf ihrem Gebiete eine besondere Art dar, das Interesse an der Dauer und dem Beharren mit dem an der Veränderung und dem Wechsel zu vereinen, zwischen der Tendenz zum Allgemeinen und Gleichartigen und der zum Besonderen und Einzigartigen eine Versöhnung zu stiften, die Hingabe an das soziale Ganze und die Durchsetzung der Individualität zu einem Kompromiß zu bringen.

In den sozialen Ausgestaltungen dieser Gegensätze wird die eine Seite derselben meistens von der psychologischen Tendenz zur Nachahmung getragen. Die Nachahmung gewährt uns zunächst den Reiz einer zweckmäßigen Kraftbewährung, die doch keine erhebliche persönliche, schöpferische

Anstrengung fordert, sondern wegen der Gegebenheit ihres Inhaltes leicht und glatt abrollt. Zugleich aber gibt sie uns die Beruhigung, bei diesem Handeln nicht allein zu stehen, sie erhebt sich über den bisherigen Ausübungen derselben Tätigkeit wie auf einem festen Unterbau, der die jetzige von der Schwierigkeit, sich selbst zu tragen, entlastet. In der Nachahmung trägt die Gruppe den Einzelnen, dem sie einfach die Formen seines Verhaltens überliefert und den sie so von der Qual der Wahl und von der individuellen Verantwortlichkeit für dieselbe befreit. Aber eben nur einer der Grundrichtungen unseres Wesens entspricht die Nachahmung, nur derjenigen, die sich an der Gleichmäßigkeit, der Einheitlichkeit, der Einschmelzung des Einzelnen in die Allgemeinheit befriedigt, die das Bleibende im Wechsel betont. Nicht so derjenigen, die umgekehrt den Wechsel im Bleibenden sucht, die individuelle Differenzierung, die Selbständigkeit, das Sichabheben von der Allgemeinheit. Betrachtet man diese beiden antagonistischen Tendenzen unter dem Bilde ihrer biologischen Grundformen, so kann man die Nachahmung als eine psychologische Vererbung bezeichnen, während das Streben über sie hinaus, zu neuen und eigenen Lebensformen, der Variabilität entspricht.

Für die Mode ist nun das Folgende wesentlich. Sie genügt einerseits dem Bedürfnis nach sozialer Anlehnung, insoferne sie Nachahmung ist; sie führt den Einzelnen auf der Bahn, die alle gehen; andererseits aber befriedigt sie auch das Unterschiedsbedürfnis, die Tendenz auf Differenzierung, Abwechslung, Sichabheben, und zwar sowohl durch den Wechsel ihrer Inhalte, der der Mode von heute ein individuelles Gepräge gegenüber der von gestern und morgen gibt, wie durch den Umstand, daß Moden immer Klassenmoden sind, daß die Moden der höheren Schicht sich von denen der tieferen unterscheiden und in dem Augenblick verlassen werden, in dem diese letzteren sie sich aneignen. Die Mode ist eine besondere unter jenen Lebensformen, durch die man ein Kompromiß zwischen der Tendenz nach sozialer Egalisierung und der nach individuellen Unterschiedsreizen herzustellen suchte. In dieses Grundwesen der Mode ordnen sich die einzelnen psychologischen Züge ein, die wir an ihr beobachten.

In soziologischer Beziehung ist sie, wie erwähnt, ein Produkt klassenmäßiger Scheidung. Gerade wie die Ehre ursprünglich Standesehre ist, d. h. ihren Charakter und vor allem ihre sittlichen

Rechte daraus zieht, daß der Einzelne in seiner Ehre zugleich die seines sozialen Kreises, seines Standes repräsentiert und wahrt: so bedeutet die Mode einerseits den Anschluß an die Gleichgestellten, andererseits den Abschluß dieser als einer ganzen Gruppe gegen die Tieferstehenden. Die gesellschaftlichen Formen, die Kleidung, die ästhetischen Beurteilungen, der ganze Stil, in dem der Mensch sich ausdrückt, sind in fortwährender Umbildung durch die Mode begriffen, indeß so, daß die »Mode«, d. h. die neue Mode in alledem nur den oberen Ständen zukommt. Diese schließen sich dadurch von den unteren ab, sie markieren damit die Gleichheit ihrer Angehörigen untereinander und im gleichen Moment die Differenz gegen die Tieferstehenden. Sobald daher diese letzteren sich die Mode anzueignen beginnen – weil sie eben immer nach oben sehen und streben und das noch am ehesten auf den der Mode unterworfenen Gebieten können – so wenden sich die oberen Stände von dieser Mode ab und einer neuen zu, durch die sie sich wieder von den breiten Massen differenzieren. Dieses Abscheidungsmoment, das neben dem Nachahmungsmoment das Wesen der Mode bildet, zeigt sich beim Mangel übereinander gelagerter Schichten sogar an nebeneinander geordneten. Von einigen Naturvölkern wird berichtet, daß eng benachbarte und unter den genau gleichen Bedingungen lebende Gruppen manchmal scharf gesonderte Moden ausbilden, durch die jede Gruppe den Zusammenschluß nach innen ebenso wie die Differenz nach außen markiert. Dies Moment des inneren Zusammenschlusses wird in ein besonderes Licht durch die Tatsache gestellt, daß die Mode so sehr oft von außen stammt. Sie wird innerhalb

eines Kreises mit spezieller Vorliebe als
»Mode« geschätzt, wenn sie nicht
innerhalb dieses selbst entstanden ist.
Dadurch, daß die Mode von außen
kommt, schafft sie die besondere
Sozialisierung, die durch die gemeinsame
Beziehung zu einem außerhalb gelegenen
Punkt eintritt. Es scheint manchmal, als
ob die Sozialelemente, wie die
Augenachsen, am besten auf einem nicht
zu nahe gelegenen Punkt konvergierten.
Und damit nun neben dem zentripetalen,
sozialisierenden Erfolge auch dieses
Faktum der Mode eine Variabilität, eine
Befriedigung des Veränderungstriebes
zeige – so garantiert der Ursprung der
Mode von außen her besonders ihre
Neuheit, d. h. den Unterschied gegen den
bisherigen Stand, den scharf absetzenden
Wechsel, der sich oft in Gegensätzen
bewegt, weil man sich erst an diesen
seiner recht bewußt wird. Von den

gegenstrebenden Tendenzen unseres Wesens, für die jede Seite der Mode eine besondere Vereinheitlichung darstellt, findet hier die eine an der sozialen Form der Mode, die andere an ihrem Inhalt ihre Befriedigung. Wo eines von beiden Momenten fehlt: entweder Bedürfnis und Möglichkeit, sich abzusondern, oder Bedürfnis und Wunsch, sich zusammenzuschließen, da endet das Reich der Mode. Darum haben die unteren Stände sehr wenige und seltene spezifische Moden, die als solche gewollt würden, darum sind die Moden der Naturvölker sehr viel stabiler, als die unsrigen; aus dem umgekehrten Grunde kommt es in einem Kreise, in dem jedes Individuum für sich etwas Bestimmtes bedeuten will und die Nachahmung perhorresziert wird, zu keiner Mode. In Florenz soll es um 1390 deshalb keine herrschende Mode der männlichen

Kleidung gegeben haben, weil jeder sich auf besondere Weise zu tragen suchte. Das Wesen der Mode besteht darin, daß immer nur ein Teil der Gruppe sie übt, die Gesamtheit aber sich auf dem Wege zu ihr befindet. Sie ist nie, sondern wird immer. Sobald sie total durchgedrungen ist, d. h. sobald einmal dasjenige, was ursprünglich nur einige taten, wirklich von allen ausnahmslos geübt wird, bezeichnet man es nicht mehr als Mode, z. B. gewisse Elemente der Kleidung, der Umgangsformen. Aus dieser Tatsache, daß die Mode als solche eben noch nicht allgemein verbreitet sein kann, quillt nun für den Einzelnen die Befriedigung, daß sie an ihm immerhin noch etwas Besonderes, Auffälliges darstellt, während er zugleich doch von der nach Gleichem strebenden Gesamtheit – nicht wie bei sonstigen sozialen Befriedigungen von der Gleiches tuenden Gesamtheit –

getragen wird. Deshalb ist die Gesinnung, der der Modische begegnet, eine wohltuende Mischung von Billigung und Neid.

Die Mode ist so der eigentliche Tummelplatz für Individuen, welche innerlich und inhaltlich unselbständig, anlehnungsbedürftig sind, deren Selbstgefühl aber doch einer gewissen Auszeichnung, Aufmerksamkeit, Besonderung bedarf. Sie erhebt eben auch den Unbedeutenden dadurch, daß sie ihn zum Repräsentanten einer Gesamtheit macht, er fühlt sich von einem Gesamtgeist getragen. In dem Modenarren und Gigerl erscheint dies auf eine Höhe gesteigert, auf der es wieder den Schein des Individualistischen, Besonderen, annimmt. Das Gigerl treibt die Tendenz der Mode über das sonst innegehaltene Maß hinaus: wenn spitze Schuhe Mode sind, läßt er die seinigen in

Schiffsschnäbel münden, wenn hohe Kragen Mode sind, trägt er sie bis zu den Ohren, wenn es Mode ist, Sonntags in die Kirche zu gehen, bleibt er von Morgens bis Abends darin usw. Das Individuelle, das er vorstellt, besteht in quantitativer Steigerung von Elementen, die ihrem Quale nach eben Gemeingut der Menge sind. Er geht den anderen voraus, wenngleich genau auf ihrem Wege. Scheinbar marschiert er an der Tête der Gesamtheit, da es eben die letzterreichten Spitzen des öffentlichen Geschmacks sind, die er darstellt; tatsächlich aber gilt von dem Modehelden, was allenthalben im Verhältnis des einzelnen zu seiner sozialen Gruppe zu beobachten ist: daß der Führende im Grunde der Geführte ist. Der Modeheld repräsentiert so ein wirklich originelles Gleichgewichtsverhältnis zwischen sozialem und individualisierendem Trieb, und aus dem Reize davon verstehen wir die äußerlich so abstruse Modenarrheit manches sonst verständigen und sogar bedeutenden Menschen. In primitiven, aber auch in höheren Verhältnissen entsteht eine Mode oft dadurch, daß eine irgendwie hervorragende Persönlichkeit einen Modus der Kleidung, des Betragens, der Interessen usw. erfindet, durch den sie sich von den anderen abhebt; die so aufgetauchte Auszeichnung suchen diese anderen nun wegen der Bedeutung jenes so schnell wie möglich nachzuahmen. Die Befriedigung des ersten liegt offenbar in der Mischung des Individualgefühles, etwas Besonderes zu haben, und des Sozialgefühles, von der Allgemeinheit nachgeahmt und so durch ihren Geist getragen zu werden. Obgleich beide Gefühle sich logisch zu widersprechen scheinen, so vertragen sie sich psychologisch durchaus und steigern sich sogar. Jeder Nachahmende nimmt, natürlich in abgeschwächten Graden, an dieser Gefühlskonstellation teil, bis die Mode völlig durchgedrungen ist, also das individuelle Moment wegfällt. Eine gleiche Kombination jener beiden Tendenzen, wie sie durch extremen Gehorsam der Mode gegenüber erreicht wird, kann man aber auch durch Opposition ihr gegenüber gewinnen. Wer sich bewußt unmodern trägt oder benimmt, erreicht das damit verbundene Individuallsierungsgefühl nicht eigentlich durch eigene, individuelle Qualifikation, sondern durch bloße Negation des sozialen Beispiels: wenn Modernität Nachahmung dieses letzteren ist, so ist die absichtliche Unmodernität seine Nachahmung mit umgekehrten Vorzeichen, die aber nicht weniger Zeugnis von der Macht der sozialen Tendenz ablegt, die uns in irgend einer

Weise, positiver oder negativer, von sich abhängig macht. Es kann sogar in ganzen Kreisen innerhalb einer ausgedehnten Gesellschaft direkt Mode werden, sich unmodern zu tragen – eine der merkwürdigsten soziologischen Komplikationen in der der Trieb nach individueller Auszeichnung sich erstens, wie gesagt, mit einer bloßen Umkehrung der sozialen Nachahmung begnügt und zweitens seinerseits wieder seine Stärke aus der Anlehnung an einen gleich charakterisierten engeren Kreis zieht: soziologisch also ganz analog dem Vereine der Vereinsgegner.

Die soziologische Bedeutsamkeit der Mode, die den Egalisierungs- und den Individualisierungstrieb, den Reiz der Nachahmung und den der Auszeichnung zu gleich betontem Ausdruck bringt, mag es erklären, daß die Frauen im allgemeinen der Mode besonders stark anhängen. So sehr wissenschaftliche Besonnenheit auch alle Urteile über die Frauen im Plural scheuen soll, so darf man doch wenigstens als die allgemeine Meinung anführen, daß ihr psychologisches Wesen, soweit es sich von dem männlichen unterscheidet, in einem Mangel an Differenzierung besteht, in einer größeren Gleichheit untereinander, einer stärkeren Bindung an den sozialen Durchschnitt; wodurch sich denn ihre enge Beziehung zur Sitte, zu der allgemein gültigen Form, die »sich ziemt«, unmittelbar erklärt. Auf dem festgehaltenen Boden der Sitte, des Durchschnittlichen, des allgemeinen Niveaus aber streben sie nun stark zu der relativen Individuallsierung und Auszeichnung der Einzelpersönlichkeit, die sich mit jenen sozialen Grenzen noch verträgt. Die Mode bietet ihnen diese Kombination: einerseits ein Gebiet allgemeiner Nachahmung, ein Schwimmen im breitesten sozialen Fahrwasser, andererseits doch eine Auszeichnung, Betonung, individuelle Geschmücktheit der Persönlichkeit. Und noch wo sie sich mit den letztergreifbaren psychischen Bewegungen kreuzt, wahrt sie ihr typisches Gleichgewichtsverhältnis zwischen den entgegengesetzten Tendenzen: es ist ihr zwar wesentlich, daß sie alle Individualitäten über einen Kamm schert; allein immer doch so, daß sie nicht den ganzen Menschen ergreift; sie bleibt ihm, wegen ihrer Veränderlichkeit, die gerade an der Beständigkeit des Ichgefühles ihren Maßstab hat, immer etwas relativ Äußerliches, gegen das er seine Persönlichkeit als pièce de résistance empfindet, wenigstens im Notfall empfinden kann. Und es ist nur eine Steigerung dieser Nuance, wenn feine und eigenartige Menschen die Mode als eine Maske benützen, eine bewußte und gewollte Reserve ihres persönlichsten Empfindens und Geschmacks, die sie durch blinden Gehorsam gegen die Normen der Allgemeinheit in allem Äußerlichen erreichen; es ist eine feine Scham und Scheu, durch die Besonderheit des äußeren Auftretens vielleicht die Besonderheit ihres innerlichsten Wesens zu verraten, was manche Naturen in das verhüllende Nivellement der Mode flüchten läßt. Und nun überträgt sich jener gleichzeitig befriedigte Dualismus egalisierender Vereinheitlichung und individuellen Sichabhebens in die inneren Verhältnisse der Einzelseele hinein – gemäß jenes eigentümlichen Parallelismus, in dem sich so oft die Beziehungen von Individuen untereinander in denen der

Vorstellungen des einzelnen Individuums wiederholen. Mit mehr oder weniger Absicht schafft sich oft das Individuum für sich selbst ein Benehmen, einen Stil, der sich durch den Rhythmus seines Auftauchens, Sichgeltendmachens und Abtretens als Mode charakterisiert. Namentlich junge Menschen zeigen oft eine plötzliche Wunderlichkeit in ihrer Art, sich zu geben, ein unvermutet, sachlich unbegründet auftretendes Interesse, das ihren ganzen Bewußtseinskreis beherrscht und ebenso irrational wieder verschwindet. Man kann dies als Personalmode bezeichnen, die einen Grenzfall der Sozialmode bildet. Sie wird durch das individuelle Unterscheidungsbedürfnis getragen und ersetzt das Nachahmungs- und Sozialbedürfnis durch die Konzentration des eigenen Bewußtseins darauf, die einheitliche Färbung, die das eigene

Wesen dadurch erhält und die vielleicht eine noch engere Geschlossenheit, ein noch innigeres Getragenwerden dieses einzelnen durch die Gesamtinhalte des Ich bedeutet, als wenn es zugleich die Mode anderer wäre.

Dadurch, daß in der Mode sozusagen die verschiedenen Dimensionen des Lebens ein eigenartiges Zusammenfallen gewinnen, wird der Gesamtrhythmus, in dem die Individuen und die Gruppen sich bewegen, auch auf ihr Verhältnis zur Mode bestimmend einwirken. Wir bemerken, daß Konservatismus und Variabilität sich in ganz unregelmäßiger Weise über die verschiedenen Schichten einer politischen Gruppe verteilen. Einerseits sind die unteren Massen schwerer beweglich und langsamer entwickelbar. Sie stellen vielfach – wie es z. B. in England gelegentlich der dänischen und normannischen Eroberung recht auffällig ist – die Kontinuität des Volkslebens her, weil sie an ihren primitiven Lebensformen zäh festhalten, während die oberen Stände, wie der Wipfel eines Baumes von den Bewegungen der Atmosphäre, am lebhaftesten durch neue Einflüsse getroffen und modifiziert werden. Andererseits sind gerade die höchsten Stände bekanntlich die konservativen, ja oft genug archaistisch und nur in den schwerfälligsten Rhythmen fortentwickelt. Der Mittelstand ist der der eigentlichen Variabilität, und deshalb ist die Geschichte der sozialen und kulturellen Bewegungen auch in ein ganz neues Tempo gekommen, seit der tiers état die Führung übernommen hat. Und daraus verstehen wir, wieso die Mode, die Wechsel- und Gegensatzform des Lebens, für deren Inhalte der Augenblick der erreichten Höhe zugleich der des

Herabsinkens ist, seit eben dieser Zeit, seit dem Dominieren des Bürgertums, sich auf soviel mehr Gebiete erstreckt, in soviel rascheren und farbigeren Rhythmen erklingt, soviel breitere Geltung gewonnen hat. Unruhige, nach Abwechslung drängende Klassen und Individuen finden in der Mode das Tempo ihrer eigenen psychischen Bewegungen wieder: sie hat eine sehr spitze Bewußtseinskurve. Gerade darin, daß sie die Aufmerksamkeit sehr stark zu sich hinruft, eine momentane Aufgipfelung des sozialen Bewußtseins auf einen bestimmten Punkt bedeutet, liegt auch schon ihr Todeskeim, ihre Bestimmung zum Abgelöstwerden. Irgend etwas sonst in gleicher Weise Neues und plötzlich Verbreitetes in der Theorie oder in der Praxis ist doch nie für denjenigen eine »Mode«, der an den Weiterbestand und die Wahrheit davon glaubt; sondern nur der wird es so bezeichnen, der von seinem ebenso schnellen Verschwinden, wie sein Kommen war, überzeugt ist.

Nun aber bietet sie im Gegensatz dazu die merkwürdige Erscheinung, daß jede einzelne Mode auftritt, *als ob sie ewig leben wollte.* Wer sich heute ein Mobiliar kauft, das ein Vierteljahrhundert halten soll, kauft es sich nach der neuesten Mode und zieht die, die vor zwei Jahren galt, überhaupt nicht mehr in Betracht. Und doch hat offenbar nach ein paar Jahren der Reiz der Mode jenes ebenso verlassen, wie dieses und überläßt beides anderen Kriterien zur Beurteilung. Es scheint hier ein dialektisch-psychologischer Prozeß stattzufinden: daß es tatsächlich immer eine Mode gibt, daß also die Mode als allgemeiner Begriff unsterblich ist, reflektiert auf jede einzelne ihrer Ausgestaltungen, obgleich das Wesen jeder einzelnen gerade ist, nicht unvergänglich zu sein. Die Tatsache, daß der Wechsel dauert, gibt hier jedem der Gegenstände, an dem der Wechsel sich vollzieht, einen psychologischen Schimmer von Dauer.

Es liegt aber der eigentümlich pikante, anregende Reiz der Mode in dem Kontraste zwischen ihrer ausgedehnten, alles ergreifenden Verbreitung und ihrer schnellen und gründlichen Vergänglichkeit – der andererseits auch noch jener scheinbare Anspruch auf dauernde Geltung gegenübersteht. Er liegt nicht weniger in der Enge, mit der sie einen bestimmten Kreis schließt und dessen Zusammengehörigkeit ebenso als ihre Ursache wie als ihre Wirkung zeigt – wie in der Entschiedenheit, mit der sie ihn gegen andere Kreise abschließt. Er liegt endlich ebenso in dem Getragensein durch einen sozialen Kreis, der seinen Mitgliedern gegenseitige Nachahmung auferlegt und damit den Einzelnen von aller Verantwortlichkeit – der ethischen wie der ästhetischen – entlastet, wie in der Möglichkeit, nun doch innerhalb dieser Schranken individuelle Steigerung und originelle Nuancierung der Elemente der Mode zu produzieren. So erweist sich die Mode nur als ein einzelnes, besonders charakterisiertes unter jenen mannigfachen Gebilden, in denen die soziale Zweckmäßigkeit die entgegengesetzten Strömungen des Lebens zu gleichen Rechten objektiviert hat.

Biographie

1858   *1.März:* Georg Simmel wird in Berlin als Sohn des Kaufmanns Edward Simmel geboren.

1876   Simmel macht sein Abitur am Friedrichs-Werderschen Gymnasium in Berlin und immatrikuliert sich für das Fach Geschichte. Er studiert bei Mommsen, Droysen und Treitschke. In der Philosophie hört er Harms, Lazarus und Zeller.

1881   Simmels Doktorarbeit »Das Wesen der Materie nach Kants Physischer Monadologie« wird mit einem Preis ausgezeichnet.

1883   Er habilitiert sich mit den

»Kantischen Studien«.

1885 Die Habilitation zögert sich hinaus, da Simmel das Kolloquium wiederholen muß. Danach bleibt er 15 Jahre lang Privatdozent.

1890 »Über soziale Differenzierung«.
»Zur Psychologie der Frau«.

1892 »Probleme der Geschichtsphilosophie«.

1892-93 »Einleitung in die Moralwissenschaft« in zwei Bänden.

1894 »Das Problem der Soziologie«.

1895 »Über eine Beziehung der Selektionslehre zur Erkenntnis«.

1900	»Philosophie des Geldes«. Simmel wird unbesoldeter außerordentlicher Professor.
1904	»Vorlesungen über Kant«.
1905	»Philosophie der Mode«.
1906	»Kant und Goethe«. »Die Religion«.
1907	»Schopenhauer und Nietzsche«.
1908	»Soziologie. Unters. über die Formen der Vergesellschaftung«.
1909/10	Simmel ist Mitbegründer der »Deutschen Gesellschaft für Soziologie«.
1910	»Hauptprobleme der Philosophie«.

1911	»Philosophische Kultur«.
1913	»Goethe«.
1914	Simmel erhält eine Professur in Straßburg und lehrt dort Philosophie und Pädagogik.
1916	»Rembrandt«. »Das Problem der historischen Zeit«.
1917	»Grundfragen der Soziologie«. »Der Krieg und die geistigen Entscheidungen«.
1918	»Der Konflikt der modernen Kultur«. »Lebensanschauung«. »Vom Wesen des historischen Verstehens«. *26. September:* Georg Simmel stirbt in Straßburg.